Bibliografische Information der Deutschen Nationalbibliothek:

Die Deutsche Bibliothek verzeichnet diese Publikation in der Deutschen National-
bibliografie; detaillierte bibliografische Daten sind im Internet über http://dnb.d-
nb.de/ abrufbar.

Impressum:

Copyright © 2006 GRIN Verlag, Open Publishing GmbH
Druck und Bindung: Books on Demand GmbH, Norderstedt Germany
ISBN: 9783640600724

Dieses Buch bei GRIN:

http://www.grin.com/de/e-book/149216/elektronische-verwaltung-und-ihr-umset-
zungsstand-in-deutschland

Matthias Prause

Elektronische Verwaltung und ihr Umsetzungsstand in Deutschland

eGovernment in Deutschland

GRIN Verlag

GRIN - Your knowledge has value

Der GRIN Verlag publiziert seit 1998 wissenschaftliche Arbeiten von Studenten, Hochschullehrern und anderen Akademikern als eBook und gedrucktes Buch. Die Verlagswebsite www.grin.com ist die ideale Plattform zur Veröffentlichung von Hausarbeiten, Abschlussarbeiten, wissenschaftlichen Aufsätzen, Dissertationen und Fachbüchern.

Besuchen Sie uns im Internet:

http://www.grin.com/

http://www.facebook.com/grincom

http://www.twitter.com/grin_com

Elektronische Verwaltung
und ihr Umsetzungsstand in Deutschland

Hausarbeit für das Hauptseminar

Wirtschaftsinformatik

Wintersemester 2006/2007

Studiengang: Wirtschaftsinformatik

Rostock, den 06. November 2006

Inhaltsverzeichnis

1. Einleitung

Der Begriff der *Elektronischen Verwaltung* oder auch des *Electronic Government* (kurz: *E-Government*) „bezeichnet den Einsatz von Internet-Technologie durch staatliche Institutionen. Dies ermöglicht es der Verwaltung, mit anderen Verwaltungsorganisationen, privatwirtschaftlichen Unternehmen oder den Bürgern zu kommunizieren und Dienstleistungen abzuwickeln."[1] So lautet eine von vielen Definitionsmöglichkeiten von E-Government, da sich bis heute weder in der Praxis noch in der Forschung auf eine einheitliche Definition geeinigt werden konnte.

Im Allgemeinen wird unter E-Government die Durchführung und Vereinfachung von Prozessen (Dienstleistungen) innerhalb der Verwaltung durch den Einsatz neuer Kommunikations- und Informationstechniken verstanden. Diese Prozesse basieren auf elektronischen Abläufen zwischen Verwaltung und Anwender, welche man als Transaktionen bezeichnet. Je nachdem, um welche Art Anwender es sich dabei konkret handelt, gibt es verschiedene Formen von E-Government. Diese werden in Kapitel 2.1 näher beschrieben.

Bei der Entwicklung des E-Government, die Mitte der Neunziger Jahre begann, ist die Transaktionsphase allerdings schon der dritte Schritt. Sie stellt aber die eigentliche Hürde dar, die es bei der Einführung von E-Government zu bewältigen gilt. Voraus gehen ihr die Informations- und die Kommunikationsphase. Diese beiden Phasen unterscheiden sich dahingehend von der Transaktionsphase, dass es keine interaktive Beziehung zwischen Anwender und Verwaltung gibt. Es werden lediglich statische Informationen über das Internet geliefert (Informationsphase) bzw. Dokumente zum Download angeboten (Kommunikationsphase).[2]

In der Bundesrepublik Deutschland haben die Vorreiterprojekte, mit denen sich Kapitel 3 näher beschäftigt, teilweise die Transaktionsphase erreicht.

Doch die Entwicklung von E-Government soll keineswegs mit der Transaktionsphase abgeschlossen sein. Vielmehr soll ein völlig neues Bewusstsein innerhalb der Bevölkerung entstehen, welches unter den Begriff *E-Partizipation* fällt.[3] Darin nehmen die Bürger aktiv am politischen Entscheidungsprozess teil. Ein Beispiel hierfür wäre die öffentliche Diskussion über ein geplantes Gesetz auf der Internetseite einer Behörde.

---

[1] Lenz, T. (2001), S.34

[2] Vgl. Asghari, R. (2005), S. 20

[3] Vgl. Boehme-Neßler, V. (2001), S. 375

2. Grundlagen der elektronischen Verwaltung

2.1 Formen von E-Government

Beim E-Government gibt es verschiedene Beziehungen, nach denen man eine Unterteilung vornehmen kann. Die Beziehungen sind durch die beteiligten Kommunikationspartner gekennzeichnet, was die folgende Abbildung verdeutlichen soll:

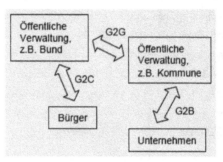

Quelle: DB Research (2005)

2.1.1 G2C (Government-to-Citizen)

Die Beziehung zwischen einer Behörde und einem Bürger bzw. einer Bürgerin bezeichnet man als G2C (Government-to-Citizen). Solche Beziehungen können echte Transaktionen oder aber auch einfach nur das Bereitstellen von Informationen auf einer Webseite seitens einer Behörde für die Bürger sein.

Auf der Homepage der Stadt Dresden kann man sich beispielsweise ein Wunsch-kennzeichen für die Anmeldung eines Automobils reservieren lassen (siehe Abb.1).

Ein weiteres Beispiel ist der im Online-Portal der Stadt Dortmund zu findende Auftrag für die Anmeldung eines Hundes (siehe Abb.2 bis 4).

2.1.2 G2B(Government-to-Business)

Geschäftliche Beziehungen zwischen einzelnen Unternehmen und öffentlichen Behörden bezeichnet man als G2B (Government-to-Business).

Zwei bedeutende Schlagworte in Verbindung mit G2B sind E-Vergabe und E-Procurement, der Einkauf von Aufträgen.

Das bekannteste Beispiel ist wohl die E-Vergabe-Plattform des Bundes (siehe Abb.5). Hier werden Ausschreibungen von Bund, Ländern und Kommunen veröffentlicht und stehen mit sämtlichen Informationen für interessierte Unternehmen zur Verfügung. Es entstehen dadurch Vorteile sowohl für Unternehmen als auch für den Staat. Unternehmen genießen einen vereinfachten Zugang zu öffentlichen Ausschreibungen und eine verbesserte Transparenz bei der Vergabe. Der Staat auf der anderen Seite bekommt durch eine höhere Bewerberzahl und einem dadurch verstärkten Wettbewerb niedrige Angebotspreise. Die Abbildungen 6 und 7 fassen die Vorteile von E-Procurement noch einmal zusammen.

Ein anderes Beispiel für G2B ist eine Initiative des Bundeslandes Nordrhein-Westfalen, das eine Internetseite eingerichtet hat, auf der Ausschreibungen angeboten werden. Je nach Art des Unternehmens können dort branchenspezifisch sortierte Ausschreibungen gefunden werden (siehe Abb.8).

Weitere geschäftliche Beziehungen, die unter G2B einzuordnen sind, wären Bauanträge oder die Beantragung von Fördergeldern.

2.1.3 G2G(Government-to-Government)

Der elektronische Kommunikations-, Informations- und Datenaustausch innerhalb einer Behörde bzw. zwischen zwei verschiedenen Behörden wird als G2G (Government-to-Government) bezeichnet. Im Vordergrund stehen hierbei die Gestaltung und Optimierung von Verwaltungsabläufen, das Zusammenspiel zwischen verschiedenen Verwaltungsebenen und die politische Steuerung von Verwaltungseinheiten.

Die derzeitigen Verwaltungsabläufe bieten noch viel Optimierungspotenzial, z. B. durch verbesserte Kommunikation zwischen Sachbearbeitern oder Minimierung der Verweil- und Überführungszeiten bei einem Sachbearbeiterwechsel. Optimierung hieße in diesem Fall eine Beschleunigung und eine Kostensenkung auf dem Gebiet der Transaktionen und eine daraus resultierende Produktivitätssteigerung nicht nur im Bereich G2G, sondern durch den direkten Einfluss auch in G2C und G2B.

G2G-Projekte sind nach außen oftmals kaum erkennbar. Aufgrund ihrer unmittelbaren Wirkung auf G2C und G2B entsteht durch sie aber der größte Mehrwert für die Behörden.[4]

---

[4] Vgl. Asghari, R. (2005), S. 27

2.2 Dienstleistungen im E-Government

2.2.1 Überblick

Dienstleistungen im E-Government lassen sich grundsätzlich in die Kategorien *Information*, *Kommunikation* und *Transaktion* einordnen.

Die Kategorie Information beschreibt im Wesentlichen das Bereitstellen von Informationen einer Behörde für seine potentiellen Nutzer. Der Informationsaustausch ist einseitig und erfolgt über das Internet. Der Nutzer nimmt hier lediglich eine passive Rolle als Informationsempfänger ein. Allerdings sollten sich die angebotenen Informationen trotzdem an den Bedürfnissen der Benutzer ausrichten. Dienen soll das Online-Angebot der Behörde in erster Linie dazu, dem Nutzer bei Bedarf schnell zur Verfügung zu stehen. Beispiele wären Informationen über Öffnungszeiten, Ansprechpartner oder benötigte Unterlagen für ein bestimmtes Antragsverfahren. Darüber hinaus sollte es aber auch Ziel der Behörden sein, sekundären Nutzen zu schaffen, wie beispielsweise die Einsparung von Wegen für den Nutzer. Das Angebot sollte immer aktuell, vollständig und benutzerfreundlich sein.

Kommunikation stellt eine Erweiterung zu den Informationen dar. Hier besteht, wie schon anhand des Namens ersichtlich, die Möglichkeit miteinander zu kommunizieren. Es kommt zu einem Austausch von Informationen zwischen Behörde und Nutzer. Dabei muss die Kommunikation nicht ausschließlich per E-Mail stattfinden. Gemeint sind alle Arten von Kommunikation, also auch Diskussionsforen, Videokonferenzen, Online-Umfragen oder auch der Download von Formularen. Natürlich sollte auch hier auf die Aktualität von Angaben geachtet werden, genauso wie auf die umgehende Auswertung von Umfragen oder Abstimmungen. Auch Nutzeranfragen per E-Mail sollten innerhalb einer festgelegten und öffentlich gemachten Frist beantwortet sein.[5]

Die dritte Kategorie der Transaktionen stellt wiederum eine Erweiterung zur vorangegangenen, die der Transaktionen, dar. Auch hier kommt es zu einem Informationsaustausch, mit dem Unterschied, dass ein Verwaltungsvorgang komplett elektronisch abgewickelt wird. Erst hier kann tatsächlich die Rede von E-Government im engeren Sinne sein. Beispiele sind die elektronische Annahme von Aufträgen oder die Online-Ausfüllung bereitgestellter Formulare, welche sofort zur Bearbeitung an die Behörde übermittelt werden.

---

[5] Vgl. Reinermann, H.; Lucke, J.V. (2002), S. 3-4 u. Hamilton, B.A. (2002), S. 23-27

Transaktionen können aber auch elektronische Zahlungsvorgänge beinhalten, es kommt ähnlich wie beim E-Commerce zu einer Art Vertragsabschluss. Hier kommt die digitale Unterschrift zum Einsatz.[6]

Die drei Kategorien, Information, Kommunikation und Transaktion, bauen aufeinander auf und lassen sich offensichtlich entlang einer Wertschöpfungskette ansiedeln. So ist es ein logischer Schritt, dass die meisten Behörden bei der Einführung von E-Government schrittweise vorgehen. Zunächst werden Informationen bereitgestellt, gefolgt vom Informationsaustausch. Der letzte Schritt sind die Transaktionen. Hier ist natürlich auch ein Zusammenhang mit den steigenden technologischen Anforderungen festzustellen, genauso wie eine zunehmende Komplexität der Änderungen an sich.

2.2.2 Dienstleistungstypen

Neben der Unterscheidung der Kategorien Information, Kommunikation und Transaktion lassen sich Dienstleistungen auch in verschiedene Typen einteilen, die wiederum (größtenteils) je einer der drei oben genannten Kategorien zugeordnet werden können. Das folgende Bild verdeutlicht diese Einteilung:

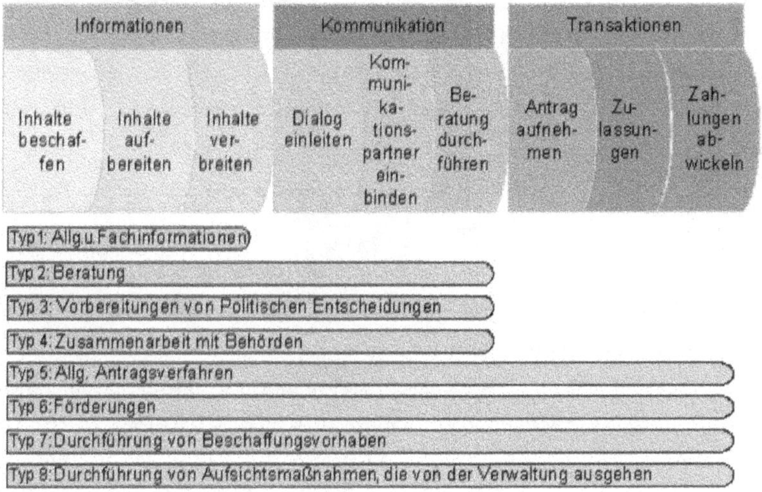

Quelle: Bundesministerium des Innern

---

[6] Vgl. Träger, C. (2005), S. 19-20

Neben den acht aufgeführten Typen gibt es einen weiteren, Typ 9: Sonstige Dienstleistungen. Diese kann man nicht eindeutig einer bestimmten Kategorie zuordnen. Ein Beispiel hierfür ist die Dienstleistung *D-Viewer*[7].

Die Kategorie Information umfasst lediglich Typ1-Dienstleistungen. Beispiele hierfür sind das *e-trade-center*[8] oder die Homepage des Bundesministeriums des Innern[9].

Die Dienstleistungstypen 2 bis 4 zählen zur Kommunikation. Typische Beispiele sind die Dienstleistungen *Elternzeitrechner*[10] und das *Verkehrszentralregister (VZR)*.

Den Transaktionen lassen sich die Typen 5 bis 8 zuordnen. Der *Wettershop*[11] und der *Elektronische Zolltarif (EZT) online*[12] sind Beispiele hierfür.

2.2.3 Klassifizierungsmodell

2.2.3.1 Dimensionen

Es gibt zahlreiche Möglichkeiten E-Government-Dienstleistungen zu klassifizieren. Im Folgenden wird eine dieser Möglichkeiten etwas näher erläutert.

In einem geeigneten Modell sollte sich nach Möglichkeit jede Dienstleistung ohne Probleme einer Ausprägung zuordnen lassen. Diese Zuordnung zeigt eine Wertigkeit und das Weiterentwicklungspotential ist für jede Dienstleistung leicht erkennbar. Dafür bieten sich die beiden Dimensionen *Kundensicht* und *Grad der IT-Unterstützung* an.

Bei der Kundensicht gibt es die Ausprägungen *Information, allgemeine Dienstleistung* und *individuelle Dienstleistung*.

- Informationen sollen sämtliche Dienstleistungen sein, die das Bereitstellen von Daten im Internet beinhalten.

- Allgemeine Dienstleistungen gehen über das Bereitstellen von Daten hinaus. Nutzer müssen sich allerdings bei der Inanspruchnahme nicht vorher identifizieren oder authentisieren.

- Die individuelle Dienstleistung steht einzelnen Personen nur nach vorhergehender Identifikation und Authentifizierung zur Verfügung.

---

[7] URL: http://www.geodatenzentrum.de/d-viewer

[8] URL: http://www.e-trade-center.de/

[9] URL: http://bmi.bund.de

[10] URL: http://www.bmfsfj.de/Elternzeitrechner/

[11] URL: http://www.dwd-shop.de/

[12] URL: http://www.ezt-online.de/

Die Dimension IT-Unterstützungsgrad soll beschreiben inwiefern eine Dienstleistung durch informationstechnische Mittel unterstützt ist. Es wird unterteilt in *Medienbruch*, *kein Medienbruch* und *Automation*.

- Eine Dienstleistung mit Medienbruch liegt dann vor, wenn innerhalb des Informationsbeschaffungs- oder -verarbeitungsprozesses das informationstragende Medium gewechselt werden muss. Ein Beispiel hierfür ist ein Online-Antrag, der von einem Nutzer online bearbeitet und direkt zur Behörde geschickt wird. Dort wird er ausgedruckt und zu den Akten geheftet.

- Medienbruch-freie Dienstleistungen sind zumeist vollkommen informationstechnisch unterstützt. Es findet kein Medienbruch statt. Hierbei gibt es teilweise individuelle Ermessensspielräume für die Verwaltung.

- Automation beinhaltet vollständige informationstechnische Unterstützung und automatisierte Abläufe von Prozessen. Eine menschliche Intervention ist hierbei nicht mehr erforderlich, da es keine individuellen Ermessensspielräume gibt.

Bei Betrachtung dieser Untergliederung ergibt sich ein 2-dimensionales Modell (siehe Abb.9). Beide Dimensionen sind dadurch gekennzeichnet, dass mit steigender Ausprägung eine Effizienzsteigerung verbunden ist. So ist die Klasse [individuelle Dienstleistung, Automation] das Maximum an Effizienz, was erreicht werden kann. Allerdings macht es keinen Sinn, diese Klasse für jede einzelne Dienstleistung anzustreben, da nicht alle Dienstleistungen individuelle Dienstleistungen sind, genauso wenig wie alle Dienstleistungen vollständig automatisierbar sind. Es muss also für jede Dienstleistung speziell das individuelle Potenzial bestimmt und dann nach Möglichkeit umgesetzt werden.[13]

2.2.3.2 Erläuterung mittels Beispiel

Das Modell soll nun anhand eines Beispiels etwas näher erläutert werden. Dazu werden drei Dienstleistungen (A, B und C) einer fiktiven Behörde betrachtet werden, für die ein Umsetzungsplan erstellt werden soll. Die folgende Abbildung zeigt die realisierten bzw. geplanten Verläufe der drei Dienstleistungen:

---

[13] Vgl. BSI (2005)

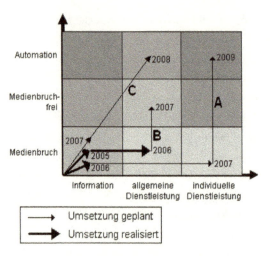

Quelle: BSI, E-Government-Handbuch – Klassifikationsschema für E-Government-Dienstleistungen

Dienstleistung A befindet sich im Jahr 2006 in der Klasse [Information, Medienbruch]. Es handelt sich dabei um Informationen, die ein Kunde von einer Behörde beziehen will. Er wählt die spezifischen Informationen online aus und sendet eine Anfrage an die Behörde. Danach kann er sie unter Vorzeigen seines Ausweises bei der Behörde abholen. Für das Jahr 2007 ist geplant, ein Identifikationssystem einzurichten. Dadurch wird es dem Kunden ermöglicht, sich online zu identifizieren. Ihm kann so der Weg zum Amt erspart bleiben. Die angeforderten Daten schickt die Behörde allerdings noch per Post. Somit fiele die Dienstleistung in die Klasse [individuelle Dienstleistung, Medienbruch]. Für das Jahr 2009 ist geplant, mit Hilfe einer geeigneten Software, die Daten automatisch online an den Kunden zu versenden. Damit wäre die Klasse [individuelle Dienstleistung, Automation] erreicht.

Bei Dienstleistung B handelt es sich um einen Antrag, der im Jahr 2005 in der Klasse [Information, Medienbruch] anzusiedeln war. Der Antrag stand online bereit, musste aber zum Bearbeiten vom Nutzer ausgedruckt werden. Im Jahr 2006 ließ sich der Antrag online vom Nutzer ausfüllen und zur Behörde übersenden, wo er allerdings vom Sachbearbeiter ausgedruckt und bearbeitet wurde. Er war also in die Klasse [allgemeine Dienstleistung, Medienbruch] einzuordnen. Für 2007 ist geplant, dass der Antrag nicht mehr ausgedruckt, sondern vom Sachbearbeiter direkt nach Eintreffen auf dem PC bearbeitet und archiviert wird, womit er in die Klasse [allgemeine Dienstleistung, Medienbruch-frei] fallen würde.

Dienstleistung C ist bis zum jetzigen Zeitpunkt noch gar keiner Form über das Internet zu erreichen. Es liegt lediglich eine Planung vor. Über den Zwischenschritt [Information, Medienbruch] im Jahr 2007 soll die Klasse [allgemeine Dienstleistung, Automation] im Jahr 2008 erreicht werden. Ein Beispiel hierfür wären gebührenpflichtige Daten aus einer Datenbank, die ein Kunde anfordert. Nach eingegangener Zahlung werden die Daten dem Kunden per E-Mail übersandt.

2.3 Nutzen von E-Government

Der Nutzen von E-Government ist vielfältig und breit gefächert.

Bürger können durch das komfortable Arbeiten am heimischen PC auf mehrmalige Wege zum Amt verzichten, müssen keine Öffnungszeiten beachten und sparen Zeit durch nicht vorhandene Wartezeiten ein.[14] Es entsteht weiterhin ein gesamtwirtschaftlicher Nutzen, denn oftmals mussten Arbeitgeber ihren Mitarbeitern Behördengänge während der regulären Arbeitszeit gestatten, da die behördlichen Öffnungszeiten es nicht anders zuließen.

Folgendes Beispiel soll den Nutzen für Bürger noch einmal zusammenfassend verdeutlichen: Ein Bürger zieht von A nach B um und spart sich zahlreiche Behördengänge (Ummeldung, Schulanmeldung der Kinder, Anmeldung eines Hundes), indem er alle Änderungen in einem Zuge mit Hilfe einer geeigneten E-Government-Lösung vollzieht. Ein weiterer Vorteil könnte eine höhere Bürgerbeteiligung am politischen, sozialen und verwaltungstechnischen Geschehen sein. Diskussionen über Gesetzesentwürfe bzw. Bauvorhaben oder aber auch die Stimmabgabe per Mausklick bei Wahlen wären in dieser Hinsicht durchaus vorstellbar.

Auch für Unternehmen ist E-Government von großem Vorteil. Sie können ihre behördlichen Angelegenheiten schneller und in automatisierter Form abwickeln.[15] So entfallen zum Beispiel aufwändige Schriftvorgänge und langwierige Genehmigungsverfahren können schneller ausgeführt werden, wodurch sich wiederum die Wettbewerbsfähigkeit der Unternehmen, gerade auf dem internationalen Markt, erhöht.[16]

---

[14] Vgl. Blönningen, P.; Wulff, M. (2001), S. 50-51

[15] Vgl. Träger, C. (2005), S. 24

[16] Vgl. DB Research (2002), S. 6

Weiterer Nutzen entsteht für die Behörden selbst in Form eines zu erwartenden Imagegewinns auf Grund von Kundenorientierung und vermehrter Bürgernähe.[17] Innerhalb der Behörden kommt es zu einer gesteigerten Arbeitsqualität, da Verwaltungsverfahren deutlich schneller und effizienter abgewickelt werden können und somit die Mitarbeiter entlastet werden. Diese müssen auch eine geringere Zahl an Routinearbeiten bewältigen, wie beispielsweise das Bereitstellen von immer wiederkehrenden Informationen. Die gewonnene Zeit kann zur Bearbeitung komplexer Einzelfälle genutzt werden. Durch den vermehrten Einsatz von Informations- und Kommunikationstechnologien in der öffentlichen Verwaltung kommt es außerdem zu deutlichen Kosteneinsparungen, beispielsweise durch den Wegfall von Druck- und Versandkosten für Bescheide. Zahlreichen Studien zufolge ist das gesamte Einsparungspotenzial enorm, nicht zuletzt durch weniger Personalaufwand.[18] Dem gegenüber stehen allerdings auch horrende Summen, die zunächst beim Aufbau der E-Government-Dienstleistungen entstehen oder schon entstanden sind. Entscheidender Faktor bei der Diskussion des Verhältnisses dieser Einsparungen und Ausgaben ist aber die Resonanz der Bürger auf die Angebote.

2.4 Hindernisse und auftauchende Probleme

Der erfolgreichen Einführung von E-Government stehen einige Barrieren im Weg, die es zu bewältigen gilt. Die wichtigsten sollen nun erläutert werden.

Die föderale Struktur Deutschlands stellt sofern ein Hindernis dar, dass es verschiedene Ebenen innerhalb der Verwaltung gibt, die untereinander kommunizieren müssen. Zudem führt die kommunale Selbstverwaltung auch zu vielen verschiedenen Ansätzen und Lösungen, d.h. in Kommune A gibt es fast zwangsläufig eine andere Lösung für ein bestimmtes Problem als in Kommune B. Beide Lösungen mögen zwar gut sein, jedoch sind sie nicht vorrangig dafür ausgelegt miteinander zu kommunizieren. Es gibt also zahlreiche so genannte Insellösungen, da es an einer Standardisierung mangelt. Um dieses Problem zu beseitigen, hat der Bund 2003 erstmals das SAGA (Standards und Architekturen für E-Government-Anwendungen) Dokument veröffentlicht. Darin finden sich Hinweise und Hilfen sowohl für die Entwicklung als auch für die Anwendung von

---

[17] Vgl. Andersen, A. (2001), S. 13

[18] Vgl. Kilian, W.; Wind, M. (1997), S. 499ff.

E-Government-Lösungen.[19] Während der Recherche für diese Arbeit wurde am 4.10.2006 die SAGA-Version 3.0 fertig gestellt und veröffentlicht.[20] Darin taucht u.a. erstmals eine Beschreibung für den Einsatz von SAGA in Ausschreibungen auf.[21] Ein anderes großes Hindernis stellt die hohe finanzielle Belastung dar. Gerade die immensen Kosten, die bei der Einführung von E-Government entstehen, sind für viele Kommunen bei der derzeitigen Haushaltslage nicht ansatzweise zu tragen.[22]

Weitere gravierende Defizite gibt es bei den rechtlichen Rahmenbedingungen. Regelungen zur Rechtsgültigkeit von Internethandlungen, Datenschutzangelegenheiten, Rechtsverbindlichkeit elektronischer Transaktionen oder zur elektronischen Signatur sind teilweise ungeklärt und bedürfen Änderungen um der Entwicklung von E-Government nicht im Wege zu stehen.

Das wohl entscheidendste Problem aber stellt wohl die Skepsis der Bürger dar, was die Sicherheit von E-Government angeht. Berechtigterweise, denn E-Government beinhaltet unter anderem den täglichen Umgang mit vertraulichen Daten, die es zweifelsohne zu schützen gilt. Laut einer Umfrage des Bundesministeriums des Innern lag die tatsächliche Nutzung von E-Government-Dienstleistungen im Jahr 2005 in Deutschland bei lediglich 35% der Bevölkerung.[23] Dagegen hielten im Jahr 2003 80% der Bevölkerung E-Government für unsicher.[24] Allein anhand dieser beiden Zahlen wird eine deutliche Diskrepanz sichtbar.

Hat eine Behörde ihre Angebote erst einmal online gestellt, gilt es natürlich auch, die Angebote in der Öffentlichkeit bekannt zu machen. Das Stichwort Marketing ist hier also gefragt und bedarf durchaus der Anwendung, da es sehr oft an der Bekanntheit der Online-Angebote mangelt.

Letztendlich muss im Zeitalter des Internet natürlich auch verhindert werden, dass einzelne Bevölkerungsgruppen vom technologischen Fortschritt ausgeschlossen werden. Man spricht in diesem Zusammenhang auch vom Problem der so genannten *digitalen Kluft* (auch *digital divide*). Es muss gewährleistet sein, dass auch in dieser Hinsicht

---

[19] Vgl. URL: http://www.kbst.bund.de/saga
[20] Vgl. Bundesministerium des Innern (2006b)
[21] Vgl. URL: http://www.kbst.bund.de/nn_836956/SharedDocs/Meldungen/2006/saga__3__0.html
[22] Vgl. DB Research (2005), S. 7
[23] Vgl. Bundesministerium des Innern (2005), S. 7
[24] Vgl. TNS (2003)

- 11 -

gefährdeten Teilen der Bevölkerung die Möglichkeit gegeben wird, sich Zugang zu den Informations- und Kommunikationstechnologien zu verschaffen. Dies kann beispielsweise durch die Bereitstellung der notwendigen technischen Geräte direkt in der Behörde gewährleistet werden, wo z.b. sozial schlechter gestellte Menschen, die ohne heimischen PC ausgestattet sind, ihre behördlichen Angelegenheiten abwickeln können. In diesem Zusammenhang ist auch ein Generationenkonflikt anzuführen, denn vorrangig ältere Menschen sind oftmals nicht geübt im Umgang mit dem Internet und anderen fortschrittlichen Technologien. Unter anderem aus diesem Grund müssen auch herkömmliche Zugangswege zu den Behörden erhalten bleiben, die möglicherweise sogar aufgrund von Entlastung verbesserten Komfort und höhere Geschwindigkeit bieten können.

3. E-Government in Deutschland

3.1 Initiativen zum Forcieren von E-Government

Auch in Deutschland spielt das Thema E-Government seit einiger Zeit eine Rolle. Seit dem Jahr 2000 unternahm die Bundesregierung einige Versuche, die Verwaltung des Landes zu modernisieren. Dies geschah durch eine Reihe von Initiativen, von denen im Folgenden zwei, nämlich *BundOnline 2005* und *Deutschland-Online*, etwas genauer erläutert werden.

3.1.1 BundOnline 2005

Der Grundstein für die Entwicklung von E-Government in Deutschland wurde am 18. September 2000 gelegt, als der damalige Bundeskanzler Gerhard Schröder die Initiative *BundOnline 2005* im Rahmen der EXPO in Hannover bekannt gab. Darin verpflichtete sich die Bundesregierung alle internetfähigen Dienstleistungen bis zum Jahr 2005 den Bürgerinnen und Bürgern, der Wirtschaft sowie der Verwaltung online zur Verfügung zu stellen. Angegangen wurde das Projekt am 14. November 2001 mit der Vorstellung des ersten Umsetzungsplans.[25] Insgesamt sollten 376 Dienstleistungen in über 100 verschiedenen Bundesbehörden online zur Verfügung gestellt werden. Nach drei weiteren Umsetzungsplänen in den Jahren 2002, 2003 und 2004, die Aktualisierungen und Anpassungen enthielten, wurde das Ziel am 29. August 2005 erreicht.

---

[25] Vgl. URL: http://www.kbst.bund.de/cln_006/nn_839178/Content/Egov/Initiativen/Bol/bol.html

Bis Ende des Jahres 2005 erhöhte sich die Zahl der online angebotenen Dienstleistungen sogar noch auf 440.[26] Abb.10 gibt einen Überblick der online gestellten Dienstleistungen in den Jahren 2002 bis 2005 verteilt auf die einzelnen Ressorts der Bundesverwaltung.

Bei 239 der 440 online verfügbaren Dienstleistungen handelte es sich um eine Bereitstellung von Informationen, z.b. auf Behörden-Homepages oder Fachinformationsportalen. 67 waren Kommunikationsdienstleistungen, wie z.b. Beratungsangebote oder Registeranwendungen. Den Transaktionen, wie Antrags- oder Förderverfahren konnten 119 Online-Dienstleistungen zugeordnet werden. Einen Überblick über die Verteilung aller verfügbaren Dienstleistungen auf die verschiedenen Dienstleistungstypen bietet Abb.11. Die restlichen 15 der 440 Dienstleistungen konnten keinem Dienstleistungstyp direkt zugeordnet werden. Ein Beispiel für eine solche Dienstleistung ist *Online-Lernen (e-Learning) für Bundesbedienstete*[27]. Für die verbleibenden 68 Dienstleistungen, die bis zum Abschlussbericht der Initiative vom 24. Februar 2006 noch nicht online verfügbar gewesen sind, sollte dies nach 2005 realisiert werden.[28] Laut letztem veröffentlichtem Stand vom 13. April 2006 wurden 444 Online-Dienstleistungen angeboten.[29]

Insgesamt wertet die Bundesregierung diese Initiative als großen Erfolg. Das vorgegebene Ziel wurde nicht nur erreicht, sondern sogar übertroffen. Laut Bundesministerium des Innern konnten „die entscheidenden Weichen für eine moderne, IT-gestützte Bundesverwaltung gestellt"[30] werden.

Bis zum Abschluss der Initiative investierte der Bund insgesamt 1,4 Milliarden Euro. Jährliche Einsparungen in Höhe von 400 Millionen Euro stehen dem gegenüber.[31]

---

[26] Vgl. Bundesministerium des Innern (2006a)

[27] URL: www.lernplattform-bakoev.bund.de

[28] Vgl. Bundesministerium des Innern (2006a)

[29] Vgl. URL: http://www.kbst.bund.de/cln_012/nn_836194/Content/Egov/DL/dl.html

[30] Vgl. Bundesministerium des Innern (2006a)

[31] Vgl. Kossel, A.; Sietmann, R. (2005)

3.1.2 Deutschland-Online

„Im Juni 2003 wurde von der Bundesregierung und den Regierungschefs der Länder die gemeinsame E-Government-Strategie *Deutschland-Online* beschlossen. Mit ihr wollen Bund, Ländern und Kommunen gemeinsam eine effizientere Verwaltung in Deutschland schaffen, indem Verwaltungsabläufe unter Nutzung der aktuellen Informationstechnik vereinfacht und automatisiert werden können."[32]

Die Einschätzung der Ausgangslage zu Beginn dieser Initiative legte viele Probleme offen. So wurden z.B. zeitgleich an verschiedenen Stellen vergleichbare Anwendungen entwickelt. Für 15 Millionen Kfz-Zulassungen pro Jahr existierten viele verschiedene Softwarelösungen. Nicht anders sah es beim Meldewesen aus. Behörden der verschiedenen Verwaltungsebenen waren zwar schon zahlreich online auf Portalen vorzufinden, allerdings ohne jegliche Kommunikation untereinander. Diese Probleme sollten mit der Initiative Deutschland-Online angegangen werden.

Im Dezember 2003 wurden von den Regierungschefs von Bund und Ländern zunächst 20 gemeinsame prioritäre Vorhaben für die Initiative Deutschland-Online definiert. Mittlerweile wurden drei weitere Vorhaben durch die *Staatssekretärsrunde E-Government*, welche die Vorhaben diskutiert und koordiniert, beschlossen. In der Runde sind neben den für E-Government zuständigen Staatssekretären von Bund und Ländern auch kommunale Spitzenverbände vertreten. Bei den vierteljährlichen Treffen berichten die jeweiligen Federführer der Vorhabensgruppen über den Fortschritt ihrer Arbeit.

Die 23 Vorhaben lassen sich in fünf so genannte Säulen einteilen, welche Abb.12 zeigt. Des Weiteren sind unten auf dem Bild drei Prinzipien vorzufinden, die auch im Rahmen von Deutschland-Online festgelegt wurden.

Das erste Prinzip heißt *Einige für alle*. Es besagt, dass die freiwilligen Mitarbeiter aus Bund, Ländern und Kommunen Lösungen für die einzelnen Vorhaben erarbeiten, die nach Fertigstellung allen anderen, also auch unbeteiligten Ländern und Kommunen zur Verfügung stehen.

Das zweite Prinzip ist das *Prinzip der Federführerschaft*, d.h. es gibt in jeder Vorhabensgruppe einen Federführer. Dieser trägt die Hauptverantwortung und ist meistens derjenige, der das Vorhaben in Deutschland-Online eingebracht hat.

---

[32] URL: http://www.kbst.bund.de/cln_012/nn_836340/Content/Egov/Initiativen/D__online/
d__online.html

Transparenz den Standards – Konkurrenz der Produkte heißt das dritte Prinzip. „Die Vorhabensgruppen empfehlen keine Anwendung eines bestimmten Herstellers, sondern legen durch transparente Standards und Prozessmodelle lediglich einen Rahmen fest, innerhalb dessen verschiedene Produkte angeboten werden können. Damit bleibt Wettbewerb gewährleistet. Die Verwaltung profitiert vom günstigsten Angebot und von interoperablen Produkten."[33]

Weiterhin wurden für die Initiative am 17. April 2004 durch den Bundeskanzler und die Regierungschefs der Länder vier konkrete Ziele beschlossen:[34]

■ Bis Ende 2005 werden alle Behörden in Bund, Ländern und Kommunen einen Zugang für elektronische Kommunikation einrichten.
■ Bis Ende 2006 sollen alle 2003 beschlossenen Deutschland-Online-Vorhaben im Internet verfügbar sein.
■ Bis Ende 2007 werden die Behörden auch untereinander elektronisch kommunizieren.
■ Bis Ende 2008 werden alle geeigneten Verwaltungsverfahren in Deutschland online zur Verfügung stehen.

Quelle: Bundesministerium des Innern, Deutschland-Online Broschüre

Aktueller Stand von Deutschland-Online ist ein Aktionsplan, der am 22. Juni 2006 von Bundeskanzlerin Angela Merkel zusammen mit den Regierungschefs von Bund und Ländern verabschiedet wurde. Damit soll die Zusammenarbeit zwischen den einzelnen Ebenen im Bund noch einmal verstärkt werden. Der Aktionsplan beinhaltet eine Kommunikationsinfrastruktur, die die Kommunikation zwischen allen Behörden Deutschlands ermöglichen soll. Weiterhin soll es eine Standardisierung von Datenformaten zum besseren Austausch von Daten untereinander geben. Meldewesen, Personenstand und Kraftfahrzeugzulassung sollen neu ausgerichtet werden und in Zukunft vollständig über das Internet abgewickelt werden können.[35]

---

[33] Vgl. Bundesministerium des Innern (2004)
[34] Vgl. Bundesministerium des Innern (2004)
[35] Vgl. URL: http://www.kbst.bund.de/cln_012/nn_839178/Content/Egov/Initiativen/D__online/ d__online.html

3.2 Weitere Entwicklung

3.2.1 Aktuelle Situation

„Deutschland tritt beim E-Government auf der Stelle"[36], so die Überschrift eines Artikels zur Lage Deutschlands in Sachen E-Government, erschienen in der Financial Times Deutschland am 30. Juni 2006.[37] Kai Beller, Autor des Artikels, beruft sich dabei auf eine aktuelle Studie der Beratungsgesellschaft Capgemini, die im Auftrag der EU-Kommission jährlich eine Studie zur Lage des E-Government in Europa erstellt. Titel der Studie: *Online Availability of Public Services: How Is Europe Progressing?*

Es werden darin 20 grundlegende Dienstleistungen, wie Einkommensteuererklärung, Kfz-Meldewesen, Umsatzsteueranmeldung für Unternehmen oder Formalitäten zur Unternehmensgründung, untersucht. Neben den 25 Mitgliedsstaaten der Europäischen Union wurden Norwegen, Island und die Schweiz in die Studie miteinbezogen. Unterschieden wird bei der Auswertung in die Kategorien *Online-Umsetzungsgrad* und *Online-Verfügbarkeit.*

Der Online-Umsetzungsgrad soll dabei beschreiben, inwiefern eine Dienstleistung online über das Internet abgewickelt werden kann. Bei vollständiger Abwicklung über das Internet sind 100% erreicht. Bei zum Download angebotenen Formularen beträgt der Umsetzungsgrad 50%.

Online-Verfügbarkeit beinhaltet alle Dienstleistungen, die über das Internet erledigt werden können. Bei 50% wäre also genau die Hälfte der untersuchten Dienstleistungen online verfügbar. Bei der anderen Hälfte käme man um den konservativen Gang zum Amt nicht herum.

Deutschland belegt in beiden Kategorien, also sowohl beim Online-Umsetzungsgrad also auch bei der Online-Verfügbarkeit, nur Plätze im hinteren Mittelfeld. Dabei ist erschreckend, dass die Tendenz fallend ist. Dies ist gleichbedeutend damit, dass Deutschland nicht wie erhofft aufholt, sondern weiter an Boden einbüßt im Vergleich zu den meisten anderen europäischen Nationen.

Laut der Studie beträgt der Online-Umsetzungsgrad Deutschlands 74%. Das bedeutet zwar eine Steigerung um acht Prozentpunkte im Vergleich zur vorangegangenen Studie vom Oktober 2004. Allerdings liegen sowohl die durchschnittliche gesamt-europäische

---

[36] Beller, K. (2006)

[37] Vgl. Beller, K. (2006)

Steigerungsrate mit 10% sowie der gesamt-europäische Durchschnitt mit 76% – wenn auch nicht gravierend – über den Werten Deutschlands. Europaweit führend ist in dieser Kategorie Österreich mit 95%, gefolgt von Malta (92%) und Estland (90%). Nicht besser sieht es bei der Online-Verfügbarkeit der deutschen Dienstleistungen aus. Im Gegenteil – war die Ranglisten-Tendenz beim Online-Umsetzungsgrad noch nahezu gleich bleibend bis minimal fallend, ist hier eine deutlich fallende Kurve zu beobachten. Seit 2002 ging es stetig abwärts, von Platz 6 bis runter auf Platz 18.

Führend bei der Online-Verfügbarkeit ist wiederum Österreich mit 83%, diesmal gefolgt von Estland (79%) und Malta (75%). Deutschland kommt auf lediglich 47% – auch hier nicht einmal europaweiter Durchschnitt. Auffallend ist, dass die Online-Verfügbarkeit Deutschlands im Vergleich zur vorangegangenen Studie, also seit Oktober 2004, gleich geblieben ist. Auch dort waren es schon 47%. Seither hat sich also nahezu überhaupt nichts getan in dieser Hinsicht, was allein alarmierend sein sollte.

Erschreckend gestaltet sich demnach auch der Blick auf die Einzelergebnisse der Studie, was die verschiedenen untersuchten Dienstleistungen angeht. Selten ist Deutschland auf den vorderen Rängen, und wenn, dann haben mindestens drei Viertel aller untersuchten Nationen das gleiche Ergebnis. Im Regelfall rangiert Deutschland auf Plätzen im hinteren Mittelfeld. Völlig abgeschlagen und klares Schlusslicht in Europa ist Deutschland bezeichnenderweise bei der Dienstleistung *Anmeldung einer Unternehmensgründung* mit 37,5% Umsetzungsgrad.[38]

Ein Grund für die schlechten Ergebnisse ist die föderale Struktur Deutschlands. Vom Bund vorgegebene Dienstleistungen, deren Ausführung aber in den Händen von Ländern und Kommunen liegt, bilden die Basis der schlechten Ergebnisse.[39] Hier könnte eine neue Kommunikationsstruktur maßgeblich helfen, die Bestandteil des kürzlich verabschiedeten Aktionsplans im Rahmen von Deutschland-Online ist.

3.2.2 Ausblick

Die anfänglich gute Entwicklung Deutschlands in Sachen E-Government, insbesondere durch die Initiative BundOnline 2005, ist mittlerweile ins Stocken geraten – im Gegensatz zum Trend in anderen europäischen Nationen. In Österreich beispielsweise hatte Bundeskanzler Wolfgang Schüssel das Thema zur Chefsache erklärt. Mit ein

---

[38] Vgl. Capgemini (2006), S. 68-69
[39] Vgl. Beller, K. (2006)

Grund dafür, warum Österreich heute die führende Nation in Europa ist, was E-Government angeht. Dabei hatte man 2001 eine nahezu identische Ausgangslage des Entwicklungsstandes wie Deutschland.[40] Das zeigt wiederum sehr deutlich, dass E-Government in Deutschland nicht die notwendige Priorität genießt, wie es der Fall sein sollte. Tom Gensicke, Mitarbeiter des Unternehmens Capgemini, das jährlich eine Studie zum Thema E-Government in Europa veröffentlicht, meint dazu: „Es (E-Government, Anm. M.P.) wird als Kostenfaktor und nicht als Wirtschaftsfaktor angesehen"[41].

Er fügt an, dass die aktuelle Initiative Deutschland-Online weder ausreichende Finanzmittel noch Personal zur Verfügung habe und damit im Grunde genommen sprichwörtlich „versandet"[42] ist.

Noch innerhalb diesen Jahres will die Bundesregierung mit dem Projekt *Informationsgesellschaft Deutschland 2010* einen neuen Versuch starten, die Entwicklung des E-Government weiter voran zu treiben und die digitale Kluft zwischen der öffentlichen Verwaltung und der Privatwirtschaft zu schließen.[43] Bleibt abzuwarten, ob dies gelingt. Es ist zu hoffen.

---

[40] Vgl. Capgemini (2006), S. 68-69

[41] Beller, K. (2006)

[42] Beller, K. (2006)

[43] Vgl. Beller, K. (2006)

Abbildungsverzeichnis

Abb.1: Reservierung eines Wunschkennzeichens

Quelle: https://wunschkennzeichen.dresden.de/ekol-wkz-dd/index.jsp

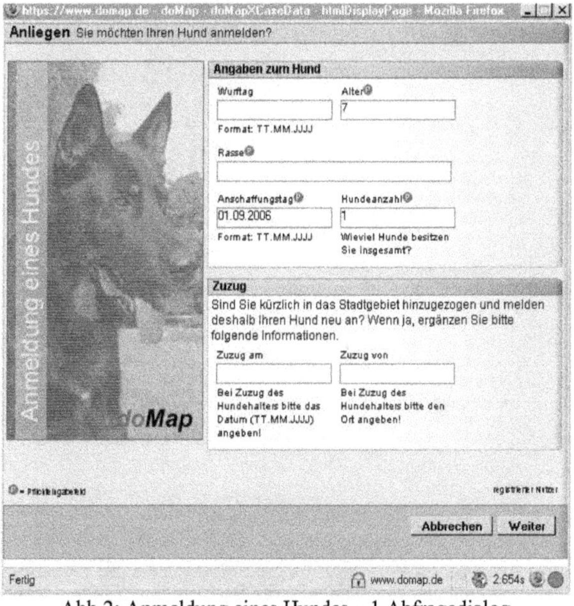

Abb.2: Anmeldung eines Hundes – 1.Abfragedialog

Quelle: https://www.domap.de/perl/doMap15/index.pl/produkt_catalog_produkt?catalogElementName=
anmeldungeineshundes0

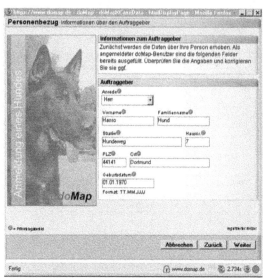

Abb.3: Anmeldung eines Hundes – 3.Abfragedialog

Quelle: https://www.domap.de/perl/doMap15/index.pl/produkt_catalog_produkt?catalogElementName=
anmeldungeineshundes0

Abb4: Anmeldung eines Hundes – Durch Beauftragung folgt elektronische
Übermittlung

Quelle: https://www.domap.de/perl/doMap15/index.pl/produkt_catalog_produkt?catalogElementName=
anmeldungeineshundes0

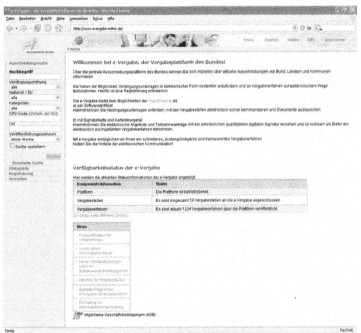

Abb.5: E-Vergabe-Plattform des Bundes

Quelle: http://www.evergabe-online.de/

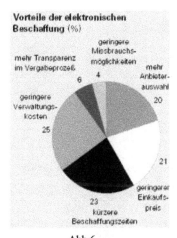

Abb.6

Quelle: Jansen (2001)

Abb. 7

Quelle: KPMG (2001)

Abb.8: NRW-Ausschreibungs-Plattform

Quelle: http://www.nrw-ausschreibungen.de/

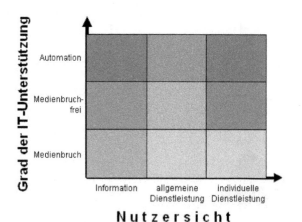

Abb.9: Klassifizierungsmodell für E-Government-Dienstleistungen

Quelle: BSI (2005), S. 5

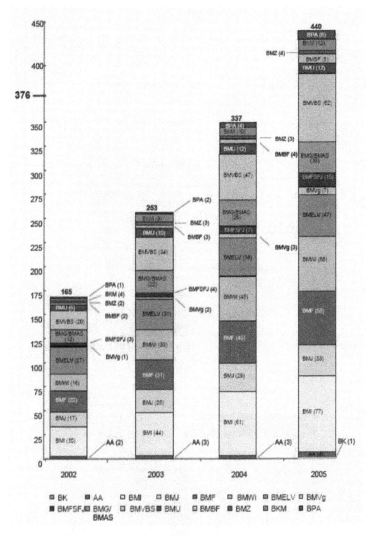

Abb.10: Online gestellte Dienstleistungen nach Ressorts (Stand: 31.12.2005)
Quelle: Bundesministerium des Innern (2006a), S. 7

Typ	Beschreibung	Wertschöpfungsstufe	online	gesamt
1	Information	Information	239	248
2	Beratung	Kommunikation	13	14
3	Vorbereiten pol. Entscheidungen	Kommunikation	4	6
4	Zusammenarbeit mit Behörden	Kommunikation	50	62
5	Allgemeine Antragsverfahren	Transaktion	59	85
6	Förderungsabwicklung	Transaktion	17	25
7	Beschaffungsvorhaben	Transaktion	30	36
8	Aufsichtsmaßnahmen	Transaktion	13	16
9	Sonstige Dienstleistungen		15	16
Gesamt			440	508

Abb.11: Bund-Online Dienstleistungsportfolio nach Dienstleistungstypen
Quelle: Bundesministerium des Innern (2006a), S. 8

Abb.12: Deutschland-Online – 5 Säulen, 3 Prinzipien
Quelle: Bundesministerium des Innern (2004), S. 5

Literaturverzeichnis

Andersen, A. (Hrsg.) (2001): E-Government – Anwendungen der neuen Informations-
und Kommunikationstechnologien durch die öffentliche Hand,
URL: http://www.onlinekommunen-bw.de/arthurandersen/E-
Government/downloads.htm [10.04.2003]

Asghari, R. (Hrsg.) (2005): E-Government in der Praxis – Leitfaden für Politik und
Verwaltung, Software und Support Verlag GmbH, Frankfurt

Beller, K. (2006): Deutschland tritt beim E-Government auf der Stelle, in: FTD, Berlin,
URL: http://ftd.de/politik/europa/90855.html [6.10.2006]

Blönningen, P.; Wulff, M. (2001): Kommunen im Internet – Die strategische
Dimension, in: Kröger, D. (Hrsg.) (2001): „Internetstrategien für Kommunen", O.
Schmitt Verlag, Köln, S. 1-61

Boehme-Neßler, V. (2001): Electronic Government: Internet und Verwaltung –
Visionen, Rechtsprobleme, Perspektiven, in: Neue Zeitschrift für Verwaltungsrecht
(NVwZ), S. 374-380

BSI (Hrsg.) (2005): E-Government-Handbuch – Klassifikationsschema für E-
Government-Dienstleistungen, Stand 6.10.2006,
URL: http://www.bsi.bund.de/fachthem/egov/download/2_Klass.pdf [6.10.2006]

Bundesministerium des Innern (Hrsg.) (2004): Deutschland-Online Broschüre,
URL: http://www.deutschland-
online.de/Downloads/Dokumente/Broschuere_deutsch.pdf [6.10.2006]

Bundesministerium des Innern (Hrsg.) (2005): Ergebnisse und Schlussfolgerungen
zur Bekanntheitsanalyse der Initiative BundOnline 2005 und bund.de,
URL: http://www.kbst.bund.de/cln_011/nn_836334/SharedDocs/Publikationen/
Oeffentlichkeitsarbeit/Ergebnisse_20und_20Analysen/ergebnisse__schlussfolgerungen_
_bekanntheitsanalyse__bol,templateId=raw,property=publicationFile.pdf/ergebnisse_sc
hlussfolgerungen_bekanntheitsanalyse_bol.pdf [6.10.2006]

Bundesministerium des Innern (Hrsg.) (2006a): BundOnline 2005 –
Abschlussbericht,
URL: http://www.kbst.bund.de/cln_028/nn_836326/SharedDocs/Publikationen/
Oeffentlichkeitsarbeit/Umsetzungsplan/abschlussbericht__2006,templateId=raw,propert
y=publicationFile.pdf/abschlussbericht_2006.pdf [6.10.2006]

Bundesministerium des Innern (Hrsg.) (2006b): SAGA Version 3.0,
URL: http://www.kbst.bund.de/cln_028/nn_837392/SharedDocs/Anlagen-kbst/Saga/
saga__3__0,templateId=raw,property=publicationFile.pdf/saga_3_0.pdf [6.10.2006]

Capgemini (Hrsg.) (2006): EU E-Government-Studie 2006 – Online Availability of Public Services: How Is Europe Progressing?
URL: http://www.de.capgemini.com/m/de/tl/EU_eGovernment-Studie_2006.pdf [6.10.2006]

Deutsche Bank (Hrsg.) (2002): E-Government: Großes Potential nicht ausreichend genutzt, Deutsche Bank Research, E-conomics Nr. 31, 10. Oktober 2002

Deutsche Bank (Hrsg.) (2005): E-Government in Deutschland: Viel erreicht – noch viel zu tun!, Deutsche Bank Research, E-conomics Nr. 51, 22. April 2005

Hamilton, B.A. (2002): E-Government und der moderne Staat – Einstieg, Strategie und Umsetzung, F.A.Z.-Institut für Management-, Markt- und Medieninformationen, Frankfurt am Main

Jansen, St. A. (2001): Public Electronic Procurement (PEP), Empirische Ergebnisse zum Beschaffungswesen der Öffentlichen Hand im Internet. Wittener Diskussionspapiere. Sonderheft Nr. 1, Juni 2001, S. 7.

Kilian, W.; Wind, M. (1997): Vernetzte Verwaltung und zwischenbehördliche Beziehungen, in: Verwaltungsarchiv, Heft Nr. 3/1997, S. 499-519

Kossel, A.; Sietmann, R. (2005): Verwaltung ans Netz, C'T, 6/2005, S. 22

KPMG (2001): Chancen und Risiken inverser Auktionen im Internet für Aufträge der öffentlichen Hand. Abschlussbericht. Im Auftrag des Bundesministeriums für Wirtschaft und Technologie, BMWit, 17. Juli 2001.

Lenz, T. (2001): E-Government und E-Nonprofit – Management von Internetprojekten in Verwaltung und Nonprofit-Organisationen, Schäffer-Poeschel, Stuttgart.

Reinermann, H.; Lucke, J.V. (Hrsg.) (2002): Electronic Government in Deutschland – Ziel, Stand, Barrieren, Beispiele, Umsetzung, Speyerer Forschungsberichte Nr. 226, Forschungsinstitut für öffentliche Verwaltung, Speyer

TNS (Hrsg.) (2003): Government-Online Studie – A National Perspective 2003 – Germany,
URL: http://www.tns-emnid.com/pdf/presse-presseinformationen/2003/GO_2003_Germany.pdf [6.10.2006]

Träger, C. (2005): E-Government – Grundlagen, Sicherheit, Anforderungen, Strategien, VDM Verlag Dr. Müller, Berlin

BEI GRIN MACHT SICH IHR WISSEN BEZAHLT

- Wir veröffentlichen Ihre Hausarbeit,
  Bachelor- und Masterarbeit

- Ihr eigenes eBook und Buch -
  weltweit in allen wichtigen Shops

- Verdienen Sie an jedem Verkauf

Jetzt bei www.GRIN.com hochladen und kostenlos publizieren